DE

L'ÉTRANGLEMENT RÉTROGRADE

DE L'ÉPIPLOON

PAR

Le Dr J. HEYRAUD

Elève de l'École du Service de Santé Militaire.

LYON

A. REY, IMPRIMEUR-ÉDITEUR DE L'UNIVERSITÉ

4, RUE GENTIL, 4

1912

DE
L'ÉTRANGLEMENT RÉTROGRADE
DE L'ÉPIPLOON

DE
L'ÉTRANGLEMENT RÉTROGRADE
DE L'ÉPIPLOON

PAR

Le Dr J. HEYRAUD

Elève de l'École du Service de Santé Militaire.

LYON

A. REY, IMPRIMEUR-ÉDITEUR DE L'UNIVERSITÉ

4, RUE GENTIL, 4

1912

A LA MÉMOIRE DE MA GRAND-MÈRE

A MON PÈRE

A MA MÈRE

A MON ONCLE Léon COURTOIS

A MON FRÈRE ET A MA SŒUR

A MA BELLE-SŒUR

A MA NIÈCE

MEIS ET AMICIS

A M. le Médecin-Major de 1re Classe MAROTTE

Major de l'Ecole du Service de Santé Militaire,
Chevalier de la Légion d'Honneur.

A mon Président de Thèse :

MONSIEUR LE PROFESSEUR JABOULAY

Professeur de Clinique chirurgicale de l'Université de Lyon.

A M. LE PROFESSEUR AGRÉGÉ MAURICE PATEL

Chirurgien des Hôpitaux.

A MES MAITRES CIVILS ET MILITAIRES

AVANT-PROPOS

En arrivant au terme de ma scolarité médicale, il
m'est un doux devoir d'exprimer ma vive gratitude à
tous ceux qui m'ont témoigné de l'intérêt ou de l'affection.

A notre arrivée à Lyon, M. le médecin-major
Marotte a bien voulu nous accepter dans le petit
groupe des étudiants qu'il préparait à l'Ecole. Ses
leçons éclairées nous ont grandement facilité notre
tâche. Nous tenons à l'en remercier bien vivement.

A l'Ecole, nous avons eu le plaisir et l'honneur de
le retrouver, il a toujours eu pour nous une grande
bonté. Pendant notre séjour à l'infirmerie, il nous a
soigné avec un dévouement paternel de tous les
instants. A l'hôpital Desgenettes ses visites nous ont
réconforté.

Ensuite, il a bien voulu mettre à notre disposition
ses belles préparations d'anatomie pathologique et
nous a prodigué les conseils de sa science pour la pré-
paration de notre examen.

Notre reconnaissance envers lui est infinie et nous
ne croyons pas nous libérer de notre dette par ces
quelques mots.

Remercîments à M. le médecin-major Toubert et à

M. le médecin-major Job pour les soins dévoués qu'ils nous ont prodigués pendant notre séjour à l'hôpital militaire.

M. le professeur agrégé Maurice Patel, chirurgien des hôpitaux, a bien voulu nous confier le sujet de cette thèse : qu'il soit assuré de notre vive reconnaissance.

M. le professeur Jaboulay m'a fait l'insigne honneur de présider cette thèse : qu'il veuille bien recevoir l'expression de mes remercîments respectueux et de toute ma gratitude.

Je croirais manquer à tous mes devoirs si je n'exprimais au directeur de l'Ecole, M. le médecin-inspecteur Polin et à mes maîtres militaires ma haute admiration et ma reconnaissance pour leur bienveillance.

Je suis heureux d'adresser aux Drs Fouqué, Pauron, Poursain, Massonnaud et Montel mes remercîments pour l'affection qu'ils nous ont toujours témoignée et de les assurer de ma vive amitié.

DE

L'ÉTRANGLEMENT RÉTROGRADE

DE L'ÉPIPLOON

INTRODUCTION

L'étranglement herniaire est incontestablement le plus fréquent des accidents qui viennent compliquer les hernies. Quand il est constitué par la constriction serrée de l'intestin et de l'épiploon, on a une épiplocèle. Cette constriction arrête le cours des matières, amène une gêne dans la circulation sanguine et ne tarde pas à amener des accidents de perforation et de gangrène de l'intestin et de l'épiploon, si l'on n'intervient pas à temps. Les causes qui amènent une pareille évolution sont assez nombreuses, notre intention n'est pas de les énumérer toutes : toutes elles sont étudiées en détail dans les traités classiques et tel n'est pas le but de notre travail. Nous retiendrons seulement, pour rendre plus clair notre exposé, un mode d'étranglement, sinon plus fréquent, du moins aussi connu que les différents agents qui peuvent aggraver l'évolution d'une hernie, nous voulons parler de l'étranglement rétrograde de l'intestin.

L'on sait, en effet, que sous ce nom on désigne l'étranglement d'une anse demeurée dans l'abdomen. Deux anses intestinales s'engagent à la fois dans le trajet herniaire; la portion de l'intestin qui relie ces deux anses reste dans l'abdomen, elle se trouve resserrée par ses extrémités au niveau de l'orifice herniaire lui-même, c'est cette portion intermédiaire qui se trouve en étranglement rétrograde. On a affaire ainsi à la hernie en W de Maygdl, elle détermine les mêmes accidents que les étranglements ordinaires, mais avec un pronostic beaucoup plus réservé en raison de la situation de l'anse étranglée.

M. le professeur agrégé Patel a bien voulu nous faire prendre connaissance d'un cas d'étranglement rétrograde de l'épiploon. Nous le qualifions ainsi à cause de son analogie avec l'étranglement rétrograde de l'intestin, à cause de la situation même de l'anse épiploïque étranglée (situation bien constatée au cours de l'intervention), à cause de la ressemblance de l'anatomie pathogique de ces deux lésions et enfin étranglement rétrograde par ses symptômes ressemblant à ceux d'un étranglement herniaire ordinaire.

Il nous a paru nécessaire de poser ces préliminaires pour bien délimiter le sujet de notre étude. Nous allons maintenant donner, aussi complètement que possible dans l'espace de ces pages, tout d'abord un historique de la question sur les hernies de l'épiploon lui-même qui nous aidera à comprendre l'étranglement rétrograde ; nous étudierons ensuite les causes qui peuvent

amener un semblable accident et les lésions anato-
miques qui peuvent se produire en pareil cas ; puis
nous verrons la pathogénie et par quels signes se
manifestent les étranglements rétrogrades, à quelles
erreurs de diagnostic ils peuvent donner lieu ; nous
terminerons par la conduite à tenir en pareil cas.

CHAPITRE PREMIER

HISTORIQUE

Si l'on consulte la littérature chirurgicale, on peut
se rendre compte que la connaissance de l'omentum-
volvulus ou torsion du grand épiploon est de date
assez récente : Demons, dans la *Revue de Chirurgie* de
1893[1], Bayer en 1893, Monod, dans la thèse de Reyner,
en 1899; en 1900, dans une discussion à la Société
d'Anatomie de Paris, Lucas-Championnière, Lejars,
Potherat et Walter, dans une communication au
sujet d'un cas de torsion épiploïque. Dans la même
année, les publications sur l'omentum-volvulus deviennent de plus en plus nombreuses. Parmi les auteurs
étrangers, nous citerons Peck, Baracz, Hochenegg,
Wiener, Chavannaz, dans la *Gazette hebdomadaire
de Médecine.*

Bayer, *Centralblatt für Chirurgie*, 1882.

Monod, thèse Reyner, Paris, 1899.

Société d'Anatomie de Paris, séance du 9 mai 1900,
Baracz, *Deutsche Zeitschrift f. Chirurgie*, 1900.

---

[1] Demons, *Revue de Chirurgie*, en 1893, p. 151.

Peck, *Medical Record*, février 1900.

Hochenegg, *Wiener klin. Wochenschrift*, 1900.

Wiener, *Annals of Surgery*, aprile 1900.

Chavannaz, *Gaz. hebdomadaire de Médecine*, 1900, p. 601.

Dans l'année 1901, paraissent successivement un certain nombre de travaux : Oelvein, Wiart et Renou, Deschamps, Martinaud, dans sa thèse de Bordeaux.

Dans l'année 1902, Moresco, Malherbe, Quenu, Capette, Trémolières, Sonnenburg, Vignard et Girandeau. Girandeau, 23 observations. Roche, 29 observations.

Le nombre total des observations arrive à un chiffre de 68 en l'année 1902. Les articles de Vignard et Girandeau, thèse de Roche, l'article de Lejars, dans la *Semaine Médicale*, contribuent surtout à bien élucider cette question.

Oelvein, *Annals of Surgery*, novembre 1901.

Souligoux et Deschamps, *Bulletin de la Société d'Anatomie de Paris*.

Martinaud, thèse de Bordeaux, nº 76, 1902.

Malherbe, *Arch. prov. de Chirurgie*, 1903.

Quenu, *Société de Chirurgie*, 20 mai 1903.

Trémolières, *Société d'Anatomie*, 16 octobre 1903.

Sonnenburg, *Archives internationales de Chirurgie*, 1903.

Ainsi qu'on peut le voir, tous les mémoires, toutes les communications faites au sujet de l'omentum-volvulus, mentionnent la torsion intra-abdominale de l'épiploon. C'est ce que l'on retrouve bien décrit, en particulier, dans l'article de Bender et de Heitz, dans

la *Revue de Gynécologie* de juillet 1901, dans celui de
VIGNARD et GIRANDEAU, dans la thèse même de GIRAN-
DEAU, l'article de LEJARS publié par la *Semaine Médicale* de 1907, qui font bien mention de diverses variétés
de torsion abdominale, mais nous n'avons nulle part
retrouvé de cas relatant la hernie rétrograde ou intra-
abdominale de l'épiploon. Lejars mentionne, dans un
renvoi de la page 24 de son article, l'étranglement
rétrograde de l'épiploon, dans la première division
qu'il donne sur les variétés cliniques de l'omentum-
volvulus et sur la façon dont peut se produire la double
torsion épiploïque. Il est possible, dit-il, que l'étranglement rétrograde de l'épiploon soit combiné à la
torsion. Ainsi en était-il dans le fait de BAYER, *Centralblatt f. Chirurgie*, 30 avril 1898, p. 462, et dans
l'observation de M. SCHMID rapportée par M. GUINARD,
*Bulletin et Mémoires de la Société de Chirurgie de
Paris*, séance du 7 mars 1906, p. 283, et dans la
Semaine Médicale, 1906. Nous avons étudié en particulier le cas cité dans la *Semaine Médicale* : elle relate
une hernie du grand épiploon, qui a donné lieu à une
discussion de MM. GUINARD, MAUCLAIRE et TUFFIER,
mais il n'est question, à aucun moment, de l'étranglement rétrograde de l'épiploon.

Nous avons consulté le *Centralblatt f. Chirurgie* du
mois d'avril 1898 ; là nous relatons un cas de BAYER
(p. 462), qui fait partie des trois observations que nous
avons recueillies et qui forment la base de notre travail.
Cet article nous montre que la littérature étrangère est
un peu plus riche que la nôtre en cas semblables.
BAYER cite, dans sa bibliographie, MAYDL et KUKULA

qui parlent de l'étranglement rétrograde de l'épiploon *(retrograder incarceration)*, incarcération de la trompe et de l'appendice cæcal, le cas de Kukula, puis de Schnitzler et Kopfstein. Sans être très nombreux, ces cas donnent une idée approximative de la question.

CHAPITRE II

OBSERVATIONS

Nous devons cette observation à la grande obligeance de M. le professeur agrégé PATEL, chirurgien des hôpitaux.

PREMIÈRE OBSERVATION

Hernie crurale droite datant de dix jours. Pas de phénomènes intestinaux.
Opération le 15 mars 1912. — Hernie épiploïque avec étranglement rétrograde de la portion terminale de l'épiploon. — Résection épiploïque, cure radicale, guérison.

M. F..., âgé de cinquante-cinq ans, porteur depuis longtemps d'une hernie crurale, voit celle-ci devenir tendue et douloureuse le 5 mars 1912. Aucun phénomène inquiétant ne survenant les premiers jours, le malade ne fit appeler aucun médecin, et c'est devant la persistance de la douleur qu'il demanda un secours médical. Je vois le malade le 15 mars 1912, au matin; il était porteur d'une hernie crurale droite, petite, marronnée, dure, non réductible, douloureuse et mate à la percussion. L'abdomen était peu distendu; signe de parésie intestinale, plutôt que d'obstruction intestinale; pas de vomissements; le pouls est bon, plein; le facies n'est nullement grippé.

A la palpation, l'abdomen est souple au-dessus de l'arcade crurale droite ; dans la moitié interne de la fosse iliaque interne, on perçoit facilement une masse allongée disposée verticalement à l'intérieur même de l'abdomen. Elle est mobile, douloureuse, et semble venir s'insérer dans la région herniaire elle-même ; le malade ne s'en était jamais aperçu.

Aucune maladie antérieure, bon état général.

En l'absence de signes abdominaux et de symptômes, on pense à une hernie épiploïque et la constatation de la tumeur intra-abdominale laisse supposer une torsion de l'épiploon sus-jacent.

Opération. — Elle est effectuée le soir même. Incision verticale classique de la hernie crurale : le tissu cellulaire et le derme sont œdématiés. La tumeur herniaire étant isolée, le sac est trouvé après avoir traversé de nombreux plans celluleux. Une fois incisé, on s'aperçoit qu'il renferme de l'épiploon congestionné, noirâtre, faiblement adhérent à la surface interne du sac. Quoique libéré, l'épiploon ne laisse pas voir son extrémité libre, et pensant à une disposition complexe en raison de la présence de la tumeur intra-abdominale, une hernio-laparotomie est pratiquée en prolongeant en haut l'incision par section de l'arcade crurale. Aussitôt l'épiploon se laisse attirer facilement ; sa partie centrale apparaît saine, sans torsion, et ce n'est pas elle qui forme la tumeur perçue. En attirant la partie périphérique, on fait sortir l'extrémité libre : celle-ci a la forme d'un gros battant de cloche, elle est lardacée et sphacélée à sa partie terminale.

En somme, l'épiploon pénétrait à l'intérieur du sac herniaire, où il adhérait faiblement ; il se recourbait en U, et son extrémité libre, restant dans le ventre, était étranglée. On avait ainsi une forme d'étranglement rétrograde, c'est-à-dire au-dessus du sac lui-même et dans la cavité abdominale.

Ligature en chaîne de l'épiploon ; résection en portion saine.

Reconstitution de la paroi abdominale et de l'arcade de
Fallope. Guérison complète au dixième jour.

Examen de la pièce. — L'épiploon enlevé mesure environ
15 à 18 centimètres de haut; il comprend trois parties :

L'une, tenant au bout central, saine, siégeant au-dessus
du sac et dans l'abdomen :

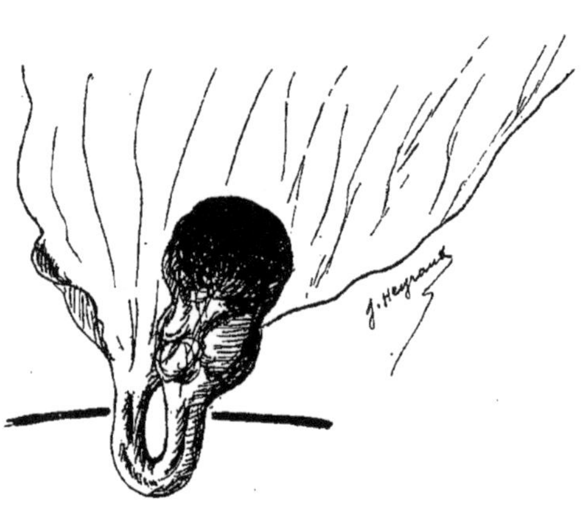

La seconde congestionnée, avec des signes d'inflammation intra-sacculaire, formée par une portion d'épiploon
rétrécie, sur laquelle se voit encore la trace de l'agent
d'étranglement; elle est recourbée en U, à convexité inférieure et faiblement adhérente à la paroi du sac ;

La troisième, formée par l'extrémité libre de l'épiploon,
située au-dessus du sac, dans la cavité abdominale. C'est
cette dernière portion qui est, à proprement parler, étranglée; sa partie terminale est noirâtre, déjà presque sphacélée. On ne relève aucune trace de torsion véritable et le
mécanisme du sphacèle paraît dû à l'étranglement lui-même
de la portion épiploïque intermédiaire.

Deuxième Observation prise dans le *Centralblatt
für Chirurgie* (Bayer).

*Etranglement rétrograde de l'épiploon, avec torsion
au-dessus de l'anneau.*

L'étranglement rétrograde est une observation de date
récente. Dans les monographies relatives aux hernies, on
ne trouve pas de cas analogues jusqu'en 1895, où Maydl[1],
le premier, attire l'attention sur cette forme singulière
d'étranglement. Maydl comprend, sous le nom d'incarcération rétrograde, ce mode d'étranglement où la portion
étranglée de la hernie n'est pas dans le sac herniaire même,
mais plus haut derrière l'anneau, dans la cavité abdominale, fait d'autant plus remarquable que l'attention fut
attirée depuis sur cette éventualité possible[2]. Aussi les
observations se font de plus en plus nombreuses, ou avait
eu tort de ne pas insister sur ces différents cas auparavant :
ou bien ils étaient ignorés complètement, ou on les a consi-
dérés comme exceptionnels et de peu d'importance.

Streubel, dans son livre, p. 165 et 166, parle bien de
torsion de l'intestin sur son axe, mais de torsion à l'intérieur
même du sac herniaire.

Benno-Schmidt cite, dans son livre sur les hernies, en
1896, p. 268, un cas très significatif, où la portion étranglée se trouvait dans l'abdomen, sans être visible de prime
abord aux yeux de l'opérateur.

Kukula parle, la même année, d'un cas d'étranglement
rétrograde d'une anse intestinale tordue, mais seulement
de l'anse intestinale.

Bientôt après, en 1896, dans une séance de l'Association

---

[1] Maydl, Sur l'incarcération rétrograde de la trompe et de l'appendice *(Revue clinique de Vienne,* 1895, n°s 2 et 3).

[2] *Revue de Vienne,* 1895, n⁰ 20.

Royale Impériale des Médecins de Vienne, J. Schnitzler[1]
présente un cas où, en opérant une épiplocèle irréductible,
il trouva, non pas un bout de l'épiploon, mais une portion
spiralée, tordue sur son axe, dont l'extrémité remontait
dans la cavité abdominale et présentait un commencement
de gangrène; la portion inférieure qui se trouvait dans le
sac herniaire était d'apparence normale.

Maydl mentionne un cas analogue dans son livre sur les
hernies.

Une autre communication relative à cette étude sur
l'étranglement rétrograde de l'épiploon est faite par
Kopfstein[2].

Dans ce cas, il s'agissait d'une torsion qui enserrait
comme dans un lien l'anse intestinale rétrograde, cas
d'autant plus remarquable qu'il fut trouvé chez un enfant
de cinq ans.

A ces cas récents, je puis ajouter un nouveau cas per-
sonnel :

Mme F..., cinquante-quatre ans, avait conservé depuis
son dernier accouchement une pointe de hernie du côté
gauche (il y avait quinze ans); le bandage qu'elle portait
depuis devint bientôt insuffisant, par suite probablement
de la quantité de graisse vraiment extraordinaire que ren-
fermait son abdomen ; elle se procura un autre appareil qui
tint à peine, et peu à peu elle s'aperçut que sa hernie
n'était plus contenue. N'en ressentant pas de trop gros
inconvénients, les choses en restèrent là, lorsque, le 5 mars
de la même année, elle me fait appeler et me raconte ce
qui suit :

A la suite de violents efforts de toux, elle avait ressenti
de fortes douleurs au niveau de sa hernie, tout en ayant la
sensation d'une boule se retournant à l'intérieur. N'ayant

[1] *Revue clinique de Vienne*, 1896, n° 6.
[2] Sur un cas d'étranglement rétrograde d'une anse intestinale
tordue plusieurs fois (*Revue clinique de Vienne*, 1898, n° 14).

pas dormi de toute la nuit et ayant ressenti des douleurs, même couchée, elle s'en inquiéta d'autant plus que sa sœur était morte, l'année précédente, d'une hernie étranglée.

A l'examen, je ne trouve rien de semblable à un étranglement; cette femme était allée, d'autre part, le même jour à la selle ; en voyant cette hernie, j'avais l'impression qu'elle était augmentée de volume, mais rien ne la distinguait de la paroi graisseuse de l'abdomen. Je ne pus, par conséquent, rien voir par suite de la graisse, bien que la femme accusât des douleurs au niveau de l'anse intestinale herniée. Je conseillai le repos au lit et des compresses. Le lendemain à la première heure, elle me faisait savoir qu'elle avait passé une nuit beaucoup plus mauvaise et demandait à ce que je vienne au plus tôt. Je n'eus pas besoin, à ce moment, d'un examen attentif pour trouver la hernie augmentée de volume, ce qui se voyait très distinctement. La femme avait eu des envies fréquentes de vomir. N'ayant pas réussi le taxis, je conseillai une opération d'urgence : elle eut lieu avant midi, à 11 heures, dans la clinique de M. Bloch. Après une anesthésie au chloroforme, d'emblée on pratiqua une incision très longue à cause de l'adipose pour avoir un meilleur aperçu des organes, incision qui partait de la lèvre gauche de la hernie jusqu'à l'épine iliaque antéro-supérieure. Après avoir incisé les parois épaissies du sac, nous trouvons un grand lambeau d'épiploon contenu dans la hernie, traversé de veines à l'aspect cyanotique au plus haut degré. En examinant attentivement la hernie, on pouvait s'apercevoir que l'index pouvait pénétrer à côté de l'épiploon dans la cavité abdominale pour rencontrer à nouveau celui-ci. Là, il se trouvait un bourrelet, de son extrémité antérieure partait une espèce de corde tordue sur elle-même jusqu'à la lèvre interne de l'incision. Pour ne pas avoir de doutes possibles, je prolongeai mon incision et quand tout fut accessible à la vue, je pus compter cinq ou six tours de spire représentant le bout central de l'épiploon tordu sur son axe dans la cavité abdominale, tandis que le bout périphérique de l'épiploon même pénétrait aussi dans la cavité abdominale par la partie latérale droite de l'ouverture. Son bout renflé était coloré en brun noirâtre, presque gangrené au-dessus de la portion tordue. Sur une longueur de 5 centimètres environ, on pouvait apercevoir de graves lésions circulatoires, une thrombose veineuse très nette. Après avoir déroulé l'épiploon et détaché la graisse qui y adhérait, on pratique, vers le centre même de l'épiploon, un certain nombre de ligatures qui l'enserraient complètement. Pour ne pas compliquer les choses, les lèvres de l'incision étant suffisamment larges et profondes, on ne pratiqua pas l'incision du sac, d'ailleurs suffisamment adhérent à des tissus épaissis depuis longtemps, on se contenta donc de réséquer ce qui dépassait l'anneau. On ferma ensuite, en prenant la précaution de placer un drain, l'orifice herniaire en ligaturant ce dernier au ligament de Poupart ; on plaque superficiellement par-dessus deux mèches iodoformées et l'on suture finalement les deux lèvres de la plaie. Ce drainage fut jugé nécessaire par suite de l'énorme amas de graisse que l'on avait découvert. Il s'ensuivit une guérison parfaite. La malade quitte la maison de santé, complètement rétablie, le 28 avril.

Nous nous sommes demandé comment l'étranglement rétrograde avait bien pu se produire dans ce cas. La réponse nous parut très simple. Il suffit de lire la description qui suit pour le comprendre : l'épiploon pénétrant dans le sac herniaire subit une torsion favorisée par les accès de toux de la malade, fixé au niveau du collet du sac herniaire et tournant plusieurs fois sur lui-même autour de son propre axe dans la cavité abdominale, semblable à un linge qu'on entortille par ses deux bouts opposés l'un à l'autre, augmentant, d'autre part, insensiblement de volume, par suite de son étranglement. Le bord libre de l'épiploon (par suite de l'œdème du début) augmentait de volume en arrière du collet du sac herniaire à l'intérieur de la cavité abdominale même. Puis il arrive à remplir tout l'espace libre dans lequel s'ouvrait la hernie jusqu'à l'intérieur même de la cavité abdominale sans pouvoir rentrer dans le sac herniaire.

La sensation de boule en mouvement ressentie par la malade pendant ses efforts de toux correspondait parfaitement à la rotation subie par l'épiploon au niveau du sac herniaire.

Conclusions. — La torsion épiploïque combinée à l'incarcération rétrograde est très rare. C'est pour cette raison que le cas précédent est d'autant plus remarquable. Car la torsion ne siégeait pas au niveau du sac herniaire, elle était au-dessus de l'anneau hernié en pleine cavité abdominale.

Troisième Observation

Une observation de *torsion du grand épiploon hernié*, par le Dr Schmid, de Nice (mémoire de la *Société de Chirurgie de Paris*, 7 mars 1906).

G..., Louis, vingt-cinq ans, aspect extérieur de robuste constitution, est atteint, depuis quelques mois, d'une hernie inguinale droite qui s'est développée progressivement et descend dans le scrotum. Le malade la faisait rentrer facilement et ne portait pas de bandage : il n'en éprouvait, du reste, qu'un peu de gêne.

Dans la matinée du 23 novembre 1903, sans cause apparente, sans symptômes prémonitoires, la hernie devient beaucoup plus volumineuse, le malade en souffre. Tous ses efforts pour la rentrer restent infructueux. Dans l'après-midi, il se rend chez un de mes confrères qui essaie, sans succès, un taxis modéré et m'amène le malade. Celui-ci se plaint de douleurs assez vives au niveau de la hernie et s'irradiant dans tout le ventre, surtout dans la région ombilicale. Il a pu cependant venir à pied jusque chez moi.

A l'examen, je constatai une hernie inguinale droite du volume du poing, descendant jusqu'au fond des bourses, le testicule en était bien distinct. La hernie n'était pas tendue, mais donnait la sensation d'un fort empâtement, la palpation était assez douloureuse.

L'abdomen était dur, avec une légère contracture musculaire, permettant cependant de percevoir au-dessus de l'anneau la corde épiploïque.

Je fus frappé d'un œdème sous-cutané très marqué qui occupait le scrotum et la région de l'anneau ; sachant que mon confrère n'avait fait qu'un taxis modéré, j'attribuai cet œdème aux efforts de réduction tentés par le malade, quoiqu'il m'affirmât n'avoir pas insisté.

Il avait eu des gaz par l'anus, pas de vomissements, simple sensation de malaise, traits un peu tirés, mais facies bon, pouls à 80.

Je pensai à une épiplocèle en voie d'étranglement et conseillai au malade une intervention qu'il accepta pour le lendemain.

Le 24 novembre, opération. Le sac ouvert, je tombai sur une masse épiploïque congestionnée avec quelques suffusions sanguines. En soulevant cette masse, je vis que l'épiploon qui la constituait affectait la disposition d'une anse dont la branche inférieure s'amincissait en présentant une quantité de tours de spire et disparaissait dans l'abdomen. Elle n'avait, au niveau de l'anneau, que le volume d'un crayon.

Prolongeant alors mon incision par le haut, je fis une hernio-laparotomie et réséquai l'épiploon à trois doigts environ du côlon en tissu sain. Je m'occupai alors de l'extrémité inférieure de l'anse, mais le cordon qui lui faisait suite s'enfonçait dans le petit bassin et, malgré la longueur de mon incision, il était impossible de la suivre à cause du tissu adipeux de la paroi et surtout à cause de la résistance du plan musculaire vraiment très développé ; je liai et sectionnai le cordon épiploïque et reconstituai la paroi, craignant qu'un débridement transversal du droit n'affaiblît ultérieurement la paroi chez un manouvrier astreint à un travail pénible.

Faisant alors une laparotomie médiane, il me fut aisé de suivre le cordon : il s'enfonçait dans le petit bassin et présentait des tours de spire ; l'épiploon s'étalait en trois masses du volume d'une noix de couleur noirâtre absolument adhérente au péritoine du cul-de-sac vésico-rectal. Je le décollai en partie, mais il restait quelques débris d'épiploon saignant en nappe et bien greffés sur le péritoine. Rassuré sur leur nature, j'eus vite raison du suintement par quelques attouchements au thermo. Je mis un drain et suturai la paroi en trois plans. Le drain fut retiré au bout de vingt-quatre heures, les suites furent simples, à part un point de suppuration superficielle à la partie supérieure de la première incision. Le malade quitta la clinique le vingt-sixième jour. Je l'ai revu deux ans après, ses cicatrices étaient solides et il avait repris son travail habituel sans ressentir aucune gêne.

En examinant la pièce enlevée, nous avons constaté que la partie supérieure de l'épiploon, au niveau de la ligne de résection, avait un aspect normal. Dans la partie correspondante du sac, il offrait une consistance plus pâteuse, épiploïte congestive accompagnant l'irréductibilité. Le cordon constitué par l'épiploon tordu depuis l'anse herniée jusqu'au fond du petit bassin, mesurait environ 15 centimètres, les tours de spire, au nombre d'une douzaine au moins, étaient plus serrés au fur et à mesure qu'on s'approchait de la partie profonde, le cordon avait une teinte violet noir et son volume n'était pas supérieur à celui d'une plume de corbeau au-dessus des masses adhérentes du cul-de-sac péritonéal. La détorsion a pu se faire facilement, sauf pour les cinq ou six tours plus serrés. Nous avons eu l'impression que la rupture du cordon aurait fatalement succédé à la gêne de la circulation due à la torsion ; peut-être cette rupture aurait-elle été sans importance, peut-être aurait-elle entraîné une hémorragie plus ou moins abondante ou des accidents inflammatoires dus au sphacèle de certaines portions.

A la suite de cette observation, M. Guinard ajoute :

L'épiploon, tordu ou non, replié sur lui-même, forme une anse à convexité inférieure, et c'est le sommet de cette anse qui vient se loger dans le fond du sac. Il en résulte qu'il y a dans la cavité abdominale, au-dessus de l'anneau herniaire, toute l'extrémité libre de l'épiploon et pour peu que l'épiploïte chronique épaississe l'épiploon hernié, l'extrémité intra-abdominale de cet organe se trouve privée de circulation par le fait de l'étranglement et se sphacèle plus ou moins complètement.

Il n'est évidemment pas douteux qu'on a affaire à un étranglement rétrograde, d'après cette description. C'est évidemment une variété assez rare, mais qui a été trouvée aussi dans le cas de M. le professeur agrégé Patel que nous rapportons dans notre première observation.

CHAPITRE III

ÉTIOLOGIE

Nous pensons avoir démontré l'importance de e
cas sur lequel on n'a peut-être pas l'attention assez
éveillée. Seule une opération habilement conduite par
une incision assez élevée peut nous permettre de
découvrir l'anse épiploïque rétrograde. Notre observation inédite, jointe aux deux observations que nous
avons recueillies, nous donne une idée approximative
de l'étranglement rétrograde de l'épiploon.

Nous allons, maintenant, voir quels sont les différents facteurs capables de produire un tel étranglement. Nous ferons appel, parfois, à une description
anticipée d'anatomie pathologique, parce que, seule,
elle peut nous donner une idée de la question.

Quelles sont donc les différentes causes pouvant
prédisposer à l'étranglement rétrograde ?

Nous allons nous baser sur les descriptions de torsion rétrograde, pour essayer de les classer en celles
qui peuvent jouer un certain rôle dans cet ordre
d'idées.

1° Les lésions d'épiploïte.

L'épaississement de ces lambeaux justifie le nom

d'épiploïte chronique hypertrophique employé par certains auteurs, comme Lévy (thèse de Lille, 1905). Il est facile de comprendre que, grâce à des modifications inflammatoires, les travées de l'épiploon se modifient, s'épaississent, deviennent adhérentes entre elles et peuvent constituer un cordon unique de densité bien différente de celle que nous lui connaissons à l'état sain. Cette transformation, jointe à une constriction plus ou moins serrée au niveau de l'anneau, constitue deux facteurs essentiels de l'étiologie de l'étranglement rétrograde ou, tout au moins, un état tout à fait favorable, un état de prédisposition.

2° Les adhérences de l'épiploon aux organes voisins.

Potherat et Simon rapportent chacun un cas où la torsion était combinée à l'étranglement et où un lambeau de l'épiploon adhérait à un petit kyste de l'ovaire, du côté droit.

3° Les adhérences au sac herniaire lui-même. Ces adhérences se rencontrent assez fréquemment. Nous allons voir que la physiologie normale de l'épiploon nous donne une idée suffisante du mécanisme de leur production.

D'une très grande mobilité, il joue un rôle primordial pour la protection de l'organisme vis-à-vis des germes infectieux qui peuvent l'envahir. Cette mobilité est peut-être la conséquence des mouvements de péristaltisme de l'intestin, ou le fait d'une chimiotaxie positive analogue à celle des leucocytes ; il est prouvé, en tous cas, qu'elle joue un rôle prémonitoire dans la formation des adhérences. Pour nous, celles qui offrent le plus grand intérêt sont celles qui se forment au niveau du collet ou au fond du sac herniaire et celles qui peuvent se fixer entre l'intestin et l'épiploon. Il est facile de comprendre que l'épiploon privé d'une partie de sa mobilité, tiraillé par l'organe en mouvement auquel il adhère, s'étrangle avec facilité.

Et ainsi, tout naturellement, nous sommes amené à nous demander s'il n'existe pas des altérations chroniques du grand épiploon qui peuvent donner des symptômes identiques à ceux de l'étranglement.

La tuberculose du péritoine, nous semble-t-il, doit être citée tout d'abord. Dans la forme classique, décrite par Cornil, le plus souvent elle est consécutive, soit à la bacillose intestinale, soit à celle d'organes revêtus par le péritoine. On trouve, dans ce cas, des formations tuberculeuses avec de fausses membranes qui agglutinent la masse intestinale. L'épiploon, lui aussi, de son côté, réagit, s'indure, s'épaissit. Ces transformations anatomo-pathologiques peuvent lui faire contracter des adhérences avec l'intestin et donner lieu ainsi à des phénomènes d'occlusion intestinale pure, ou bien par augmentation de densité, de poids et de consistance, donner des phénomènes d'épiplocèle étranglée.

Pour nous résumer, il nous semble que le facteur le plus important de l'étranglement rétrograde de l'épiploon est constitué, avant tout, par les adhérences de cet organe au sac herniaire. Ces adhérences sont favorisées par les lésions d'épiploïte aiguë et accessoirement chronique.

Les adhérences qui peuvent être contractées avec les tumeurs (kyste de l'ovaire) nous semblent avoir un rôle beaucoup moins important. Il faudrait supposer dans ce cas une laxité extraordinaire des franges épiploïques et un étirement considérable pour amener l'étranglement rétrograde.

En l'absence de toute hernie, il nous paraît impossible d'affirmer l'existence d'un étranglement rétrograde de l'épiploon. Pour nous, la présence d'un sac herniaire nous paraît nécessaire et constitue la cause primordiale pour la production de cet accident.

Habituellement ces hernies restent irréductibles jusqu'au début des accidents. Le rôle joué par l'âge nous paraît difficile à élucider. D'après l'observation que nous rapportons d'un cas d'étranglement avec torsion, il nous semble que, vraisemblablement, les adultes sont plus exposés que les autres et que l'homme doit être plus souvent atteint, parce qu'il est le plus exposé aux hernies et qu'il est assujetti à un travail plus violent et à des efforts plus considérables.

CHAPITRE IV

ANATOMIE PATHOLOGIQUE

Il nous paraît intéressant de rappeler quelques détails d'anatomie et de physiologie normales sur le grand épiploon avant d'aborder l'étude anatomo-pathologique des torsions du grand épiploon. Ceci nous aidera à comprendre les différents stades qu'on peut trouver dans les phases successives de la torsion. Le grand épiploon, appelé aussi épiploon gastro-colique, est, chez l'homme adulte, un vaste repli du péritoine, fixé en haut à l'estomac, depuis l'épiploon gastro-splénique jusqu'à l'angle sous-hépatique du duodénum et du côlon transverse le long de son bord antérieur ; situé immédiatement derrière la paroi abdominale antérieure, il s'étale au-devant de la masse intestinale. Au point de vue de sa structure histologique, l'épiploon de l'homme adulte est réduit à une lame unique, présentant de nombreux orifices, plus ou moins surchargés d'une graisse jaune rougeâtre. Il est constitué par des travées agencées de façon à former des mailles et il apparaît sous la forme d'un réseau élégant et très régulier. Les mailles de forme polygonale ou arrondie, sont de dimensions très inégales, et les plus petites sont comblées par des cellules migratrices. Les travées sont de volume très variable, les plus fines ne sont pas vascularisées, toutes sont recouvertes d'un endothélium et sont formées par des faisceaux et des cellules de tissu conjonctif. L'endothélium est formé de cellules lamellaires, polygonales, dont les noyaux sont saillants ; ces cellules sont semblables en tous points à celles qui tapissent le péritoine et le mésentère. Telle est, grossièrement résumée, la structure normale de cet organe, elle va nous faciliter l'étude de ses lésions inflammatoires. Si l'on consulte la littérature chirurgicale, on voit que les torsions de l'épiploon sont, la plupart du temps, accompagnées d'une hernie.

Dans le cas que nous avons à notre disposition, et qui nous intéresse plus spécialement, l'épiploon, ou plutôt une frange épiploïque assez développée, adhérait au sac herniaire par de solides adhérences qu'elle avait contractées à ce niveau. Cette masse épiploïque était étranglée dans l'anneau crural; l'incision, en donnant du jour, fit voir que la frange épiploïque était en position rétrograde et que son extrémité distale était fortement sphacélée à son pôle supérieur, ce qui, par suite, aurait pu produire des accidents infectieux.

Dans le cas de Bayer, dont nous rapportons l'observation, nous avons un étranglement rétrograde, mais accompagné de torsion épiploïque. L'extrémité inférieure de l'épiploon s'insérait au sac, au voisinage de l'anneau par un pédicule aminci plusieurs fois tordu. La seconde portion siégeait dans l'abdomen immédiatement au-dessus de l'anneau et rattachait la portion herniée à l'épiploon abdominal resté sain. Ce qu'il y a de remarquable dans ce cas, et qui corrobore notre façon de voir à ce sujet, c'est que la portion tordue n'était pas étranglée dans le trajet inguinal. Seul un petit fragment épiploïque, se détachant de la masse principale et suivant un trajet rétrograde, était venu se couder et s'étrangler sur l'anneau interne.

Dans le cas de Schmid, relaté dans le *Bulletin et Mémoires de la Société de Chirurgie de Paris*, du 7 mars 1906, il s'agit encore d'une anse épiploïque apparaissant après incision du sac. La branche inférieure de cette anse s'amincissait en s'enroulant en spires et disparaissait dans l'abdomen. Cette disposition nécessita une ouverture plus large pour pouvoir atteindre la portion rétrograde de l'anse lésée atteinte d'épiploïte.

Ainsi, pour faire une classification de formes suivant le siège de la lésion, nous pouvons les rattacher à trois types bien différents :

1° Etranglement rétrograde situé entre deux points fixes (cas de Bayer);

2° Etranglement rétrograde avec un seul point fixe (cas de Schmid rapporté par Guinard);

3° Etranglement rétrograde simple sans torsion (cas de M. le professeur agrégé Patel).

Le volume est très variable et il est sous la dépendance de la laxité de l'épiploon ou des adhérences à un organe plus ou moins mobile (kystes, tumeurs).

Si maintenant nous voulons considérer quelles sont

les différentes lésions microscopiques que l'on peut constater, nous les grouperons en deux catégories.

A. — Altérations secondaires si l'on s'en rapporte aux cas de torsion.

Elles semblent toutes provenir de l'obstacle apporté à la nutrition de l'organe et à ce sujet nous pouvons distinguer plusieurs lésions d'épiploïte.

Epiploïte congestive :

L'ouverture du sac montre une frange de coloration très foncée, rouge brun, parfois noirâtre et infiltrée de sang ; au début, sa consistance est dure, mais les lésions de gangrène assez avancée la rendent molle et friable.

Des vaisseaux dilatés sillonnent l'épiploon : la circulation, quoique partiellement entravée, suffit néanmoins à assurer la nutrition de l'organe.

Il est probable qu'il existe une forme hernio-abdominale, où la phlegmasie se propage rapidement à l'épiploon abdominal. L'infiltration doit se faire progressivement par l'intermédiaire des leucocytes et des cellules embryonnaires. Il peut se produire des ruptures vasculaires quand la congestion est très intense, avec des vaisseaux très dilatés. Il se produit alors une infiltration hémorragique se présentant en nappe plus ou moins étendue, le sang épanché s'infiltre entre les faisceaux conjonctifs et les dissocie de ce fait. On se trouve alors en présence d'une forme d'épiploïte hémorragique comme c'est relaté dans la thèse de Reyner (thèse de Paris, 1899).

Enfin, il existe une autre forme plus rare, l'épiploïte

herniaire simple avec une forme suppurée, hernio-
abdominale, qui peut aboutir à une épiploïte gangré-
neuse (Walter, *France médicale*, 1885).

B. — A côté de cela nous avons des altérations
primitives. Ce sont des altérations inflammatoires
chroniques. Elles sont beaucoup plus rares que les
premières, nous pouvons y retrouver à l'origine une
poussée d'épiploïte primitive. La péritonite masquant
les signes physiques, il ne faut pas trop compter sur
eux pour reconnaître l'extension du processus inflam-
matoire de l'épiploon.

Les douleurs et les symptômes fonctionnels dispa-
raissent à la suite d'une poussée d'épiploïte, mais la
hernie ne rentre plus, elle est désormais irréductible
parce que des adhérences se sont faites entre l'épiploon
et le sac, pendant la phlegmasie qui vient de rétro-
céder. Ces adhérences revêtent la forme d'une tuméfaction, mollasse, pâteuse, plus ou moins volumineuse
et présentant des noyaux durs et dépolis. On n'en
peut trouver de trace que dans l'aspect fibreux des
cordons, si la nécrose n'est pas trop avancée, et aussi
dans l'impossibilité où l'on se trouve de distendre le
lambeau épiploïque ou en s'en rapportant à l'examen
microscopique.

L'épiploon altéré retentit sur l'état des organes
voisins, ce qui fait que parfois la paroi abdominale
présente une infiltration séreuse du tissu cellulaire et
des muscles. Le péritoine épaissi est de coloration
rouge. Moresco, en juin 1902, rapporte un cas de péritonite diffuse fibrino-purulente.

On trouve fréquemment l'ascite. Souvent il y a des adhérences avec l'intestin, qui compliquent singulièrement les difficultés opératoires.

Telles sont les différentes lésions que l'on trouve le plus souvent dans les torsions de l'épiploon et que l'on peut appliquer dans le cas d'étranglement rétrograde.

CHAPITRE V

PATHOGÉNIE

L'explication du mécanisme de l'étranglement rétrograde de l'épiploon trouve une solution complète et facile dans les propriétés physiologiques de cet organe. Nous savons, en effet, que le grand épiploon est doué de propriétés phagocytaires qui lui permettent de détruire les micro-organismes qui ont pu pénétrer dans l'économie et qui peuvent se trouver en son contact. Sous l'influence d'une intoxication ou d'une infection, il réagit comme un organe hématopoiétique ; il balaye sans cesse la cavité abdominale, il est comparable à un véritable filet où viennent se prendre les corps étrangers, les microbes qui y sont tombés ; il s'en empare, les absorbe, les élimine grâce au rôle primordial que jouent les leucocytes et les lymphatiques. Il jouit, d'autre part, de propriétés plastiques, se traduisant par la possibilité qu'il a, sous l'influence d'une inflammation, de contracter des adhérences avec la paroi abdominale.

La coexistence d'une hernie doit être la règle dans le cas d'étranglement rétrograde : on sait en effet qu'elle joue un rôle tout à fait prépondérant dans les

torsions de l'épiploon. Si l'on veut étudier le mécanisme de cet accident, on voit que plusieurs influences
contribuent à la production de l'étranglement rétrograde.

Tant que la hernie est réductible, l'épiploon contenu
dans son sac est soumis, à son niveau, à des mouvements constants de va-et-vient; ces mouvements s'ar-
rêtent au moment où la hernie devient irréductible et ne
peut plus rentrer par les orifices naturels. L'épiploon
est alors tiraillé de haut en bas; il s'accroît de longueur
en se ramassant sur lui-même, ne peut plus s'étaler au
devant de l'intestin et s'enflamme ainsi avec une plus
grande facilité. On peut, dans ce cas, le comparer à ce
qui s'était produit chez un malade dont Broca rapporte
l'observation dans *les Maladies de l'enfance*, (1902) :
l'épiploon était appendu à un kyste hydatique, du
volume du poing, et s'était légèrement tordu sur son
axe longitudinal.

Cette explication s'adapte surtout aux cas où il y a
torsion de l'épiploon combinée ou non à l'étranglement rétrograde comme dans le cas de Bayer dont
nous relatons l'observation. Il n'est pas douteux non
plus que l'on puisse observer aussi des étranglements
rétrogrades sans torsion, notre cas en fait foi; il est
logique alors d'incriminer un taxis trop violent ou trop
répété. La portion centrale de l'épiploon se trouve
alors soit refoulée, soit invaginée dans ce qui reste
d'orifice praticable, et ainsi l'on conçoit facilement
qu'elle ne puisse plus sortir à nouveau. Quant aux
causes déterminantes, il faut invoquer, pour en avoir
une explication suffisante, la différence de densité

entre les différentes portions de l'organe, due à l'infiltration graisseuse, à la production de brides ou de
franges épiploïques, à l'inflammation de cet organe
lui-même. Ainsi on voit que l'épiploïte joue un grand
rôle dans la pathogénie des torsions de l'organe. Cette
inflammation de l'épiploon est favorisée dans une
grande mesure par les violences, les traumatismes, les
froissements accidentels dus au port d'un bandage mal
adapté. Parfois, il est vrai, l'épiploïte se présente dans
des hernies petites et peu exposées aux différents froissements et traumatismes; ce fait est assez rare pour
que nous ne fassions que le mentionner.

En résumé, pour nous, la pathogénie de l'étranglement rétrograde, combiné ou non à la torsion, se
ramène à trois points principaux, à savoir :

1° La coexistence constante de la hernie avec étranglement rétrograde ;

2° L'absence de l'intestin dans le sac herniaire ;

3° L'absence d'étranglement de l'épiploon par le sac
herniaire.

Pour éclairer notre pathogénie, le fait suivant paraît
avoir un certain intérêt.

Vignard relate, en avril 1903, un cas d'appendicite
avec des phénomènes d'étranglement de l'épiploon.
Celui-ci avait contracté des adhérences intimes, tandis
que l'appendice, lui-même enflammé, offrait des bosselures dues à trois calculs de la grosseur d'une petite
noisette.

Nous avons, nous semble-t-il, ainsi résumé les différents facteurs qui doivent intervenir dans le cas
d'étranglement rétrograde de l'épiploon.

CHAPITRE VI

SYMPTOMATOLOGIE

Les signes de l'étranglement rétrograde de l'épiploon sont moins nets et ne présentent pas la même brusquerie que ceux d'un étranglement herniaire ordinaire.

Si l'on veut s'en rapporter aux cas relatés dans nos observations et spécialement au cas rapporté dans l'observation de M. le professeur agrégé Patel, on se rend compte de la lenteur avec laquelle évoluent les phénomènes d'obstruction intestinale qui vont se révéler dans la suite. Ce sont des malades qui s'aperçoivent, par hasard, de l'irréductibilité d'une hernie dont ils étaient porteurs depuis longtemps. Dans le cas que nous rapportons, il s'écoula une période de dix jours du 5 au 15 mars avant que le malade ne s'en inquiétât et fît demander un médecin. Ceci montre bien que l'étranglement rétrograde de l'épiploon se manifeste d'une façon insidieuse ; le début violent et dramatique de l'étranglement ordinaire fait totalement défaut, les symptômes sont tous atténués, comme ceux de l'occlusion chronique, et sont d'abord purement locaux.

En général, on a une tuméfaction du sac herniaire douloureuse, son irréductibilité est absolue le plus souvent. Au début, on constate souvent des phénomènes de constipation suivis de débâcles plus ou moins abondantes, parfois quelques vomissements, souvent du météorisme, mais il ne semble pas, à ce moment, que la maladie doive présenter un caractère de sérieuse gravité. Ce n'est qu'à la fin où brusquement les phénomènes d'occlusion entreront en scène.

Heureusement les signes physiques vont nous être d'un précieux secours pour faire le diagnostic d'étranglement rétrograde. On est en présence d'une hyperesthésie cutanée marquée, qui, bien que gênante, n'est pas suffisante pour empêcher la palpation. Ce dernier moyen d'investigation nous fait percevoir une *tumeur* de grosseur assez variable, piriforme, à grosse extrémité supérieure. Son extrémité inférieure va en s'effilant et se termine par un pédicule rattaché à la hernie elle-même ; on pourrait la comparer à une *vésicule biliaire renversée*. Elle est orientée à peu près dans le sens vertical, c'est-à-dire perpendiculairement à la direction du côlon transverse. Son extrémité supérieure est sentie par les doigts qui la palpent, mais sa mobilité la fait fuir devant eux. Cette propriété constitue un des signes les plus importants ; elle constitue un caractère différentiel entre l'étranglement rétrograde et la torsion de l'épiploon, qui, elle, est moins mobile, et donne la sensation d'une corde.

Pour nous résumer d'une façon générale, on trouve deux ordres de symptômes : des symptômes d'étranglement et des symptômes herniaires ; ces derniers sont les plus importants, car, étant donné l'atténuation des symptômes d'étranglement, ce sont eux qui mettent sur la voie du diagnostic.

CHAPITRE VII

DIAGNOSTIC

Le diagnostic constitue peut-être le chapitre le plus obscur et le moins net de l'histoire de l'étranglement rétrograde. En faisant l'étude symptomatologique de cette lésion, nous avons énuméré des signes plus ou moins atténués d'étranglement herniaire, sans qu'il soit possible d'observer un symptôme caractéristique. La plupart du temps, on pose le diagnostic d'étranglement herniaire ou, plus simplement, d'engorgement. Les troubles intestinaux caractérisant l'obstruction intestinale faisant défaut, il nous semble, en tout cas, qu'en constatant l'absence de l'intestin dans la hernie, on puisse arriver à faire le diagnostic d'étranglement rétrograde de l'épiploon ou tout au moins à avoir la notion de l'existence d'une tumeur intra-abdominale, parfois sensible à la palpation et cause de tous les accidents.

On se trouve en présence d'une tumeur intra-abdo-minale, il faut en déterminer la nature.

La première idée qui vient à l'esprit est l'existence d'une épiplocèle étranglée ou enflammée. La tumeur herniaire, par la dureté, par la matité qu'elle présente, par ses caractères, permet habituellement d'éliminer l'intestin. Le plus habituellement, il sera difficile de penser à une autre lésion, mais à quoi faudra-t-il songer quand, comme c'est notre cas, la portion supérieure de l'épiploon se trouve nettement en position rétrograde et peut simuler une torsion épiploïque. On pensera sans doute :

A un pincement latéral de l'intestin avec distension de l'anse sus-jacente ; nous savons, en effet, que cette lésion se manifeste par des symptômes peu bruyants ; les vomissements y font souvent défaut, la circulation des gaz persiste en partie ; mais, en réfléchissant, on voit que ces malades ont déjà depuis longtemps de la parésie intestinale et que leurs réactions intestinales sont déjà depuis longtemps en défaut; ces considérations orientent tout de suite du côté de l'intestin et non de l'épiploon ;

A la hernie du gros intestin ; elle donne la sensation d'une masse pâteuse, irrégulière, de grosses bosselures ; dans quelques cas, on peut parfois distinguer, surtout à gauche, des franges épiploïques qui peuvent induire en erreur ; pour éliminer une lésion de l'épiploon, on se basera sur l'intensité des signes fonctionnels : douleurs, coliques, pesanteur, tiraillements ;

A une appendicite, quand la tumeur siège du côté droit ; la triade symptomatique : douleur au point de Mac Burney, vomissements, constipation, hyperesthésie cutanée, permettra, dans la plupart des cas, d'avoir des éléments suffisants pour établir un diagnostic ferme.

On devra penser aussi à l'épiploïte herniaire, mais cette lésion est souvent consécutive à la torsion de l'épiploon ou à la cure radicale d'une hernie. Quelle que soit sa forme anatomique, les symptômes n'en varient guère. On est toujours en présence d'un malade opéré de hernie (cure radicale ou kélotomie), chez lequel on a dû pratiquer, au cours de l'opération, des ligatures ou une résection de l'épiploon. On a, dès le début, un état gastro-intestinal peu inquiétant, qui va en s'accentuant peu à peu avec une constipation opiniâtre et de l'hyperthermie. La palpation montre une masse plus ou moins dure, siégeant parfois jusque sous les fausses côtes (Guinard). Les symptômes fonctionnels et les signes physiques ne permettent pas de douter que l'on ait affaire à une hernie épiploïque.

Enfin, il reste une dernière affection qui viendra s'imposer au diagnostic du clinicien : c'est la torsion épiploïque intra-abdominale.

En faveur de la torsion, nous avons une tumeur mate qui se continue à travers l'anneau crural ou le canal inguinal par un cordon épais, dur, irrégulier, qui s'enfonce dans la cavité abdominale. On le sent souvent se terminer sur une masse rétro-pariétale étalée au-dessus du pli de l'aine et remontant vers l'ombilic, à contours mal définis, ce qui n'est autre que la partie supérieure du tablier épiploïque.

Si c'est un étranglement rétrograde, le ballottement est plus prononcé, la tumeur est moins dure, les contours en sont plus mal définis, et surtout elle est plus mobile. Mais, en somme, nous sommes obligé de dire qu'il y a de sérieuses difficultés pour établir le diagnostic d'étranglement rétrograde.

Si l'on n'avait pas pu faire le diagnostic avant l'opération, on est mis sur la voie pendant l'intervention. On trouve, en effet, à l'ouverture du sac, une anse épiploïque dont on ne voit pas l'extrémité terminale; il faut bien se garder de la refouler dans l'abdomen sans vérifier la qualité de son tissu; on exposerait ainsi le malade aux complications septiques les plus graves en laissant dans sa cavité péritonéale un tissu plus ou moins gangrené, et tout naturellement, on est amené à découvrir l'anse épiploïque rétrograde par l'incision dont nous parlerons au traitement.

CHAPITRE VIII

PRONOSTIC

En l'état actuel de la question, il est impossible d'établir un pronostic général de l'étranglement rétrograde de l'épiploon. Cette lésion est relativement rare ; le peu d'observations trouvées jusqu'alors ne permettent encore pas d'avoir des idées bien nettes à ce sujet. Les cas relatés dans nos trois observations ont été suivis de guérison, parce qu'ils ont été opérés d'une façon tout à fait précoce. Pour nous, le facteur le plus important est la précocité de l'opération, et nous n'hésitons pas à déclarer que, plus l'intervention sera tardive, plus réservé sera le pronostic ; plus l'opération sera tentée de bonne heure, plus bénignes seront les suites opératoires. Il est presque inutile de dire qu'il faut éliminer les cas où les malades sont atteints d'affections cardiaques ou pulmonaires ou relèvent d'un état antérieur qui les met dans un état de moindre résistance, surtout après l'intervention.

Quant à savoir ce que pourrait devenir un épiploon étranglé en position rétrograde, même non sphacélé, la question se pose à peine. Il est à présumer que la mort ne tarderait pas à se produire, causée par les phénomènes d'occlusion, le retentissement péritonéal qui se produirait fatalement, l'atteinte profonde subie par l'état général et surtout par la paralysie réflexe de l'intestin et la stercorémie consécutive.

Si la torsion s'associe à l'étranglement, le pédicule tordu, livré à lui-même, s'amincit rapidement, peut se rompre et donne lieu alors à des hémorragies abondantes.

Dans notre cas, la portion étranglée s'est sphacélée; il y avait à craindre la production rapide des phénomènes infectieux les plus graves.

Ces divers accidents doivent être envisagés surtout en théorie, car, dans la pratique, on ne doit pas leur laisser le temps de se produire. En l'état actuel de la chirurgie, une opération hâtive et bien conduite met certainement le malade à l'abri de ces éventualités.

CHAPITRE IX

TRAITEMENT

Il n'est pas possible de penser à un traitement médical. Les symptômes d'étranglement herniaire, quoique atténués, et les symptômes locaux, sont assez inquiétants pour écarter, de prime abord, tout traitement d'attente. Nous savons, en effet, que, toutes les fois qu'une hernie présente des phénomènes d'empâtement et des phénomènes douloureux, une intervention chirurgicale s'impose.

Il n'y a pas d'illusions à se faire sur le danger d'adopter une expectative trop prolongée. Si l'on attendait que les signes d'étranglement soient au grand complet pour intervenir, ce serait compromettre l'existence même du malade. On pratiquera le taxis avec une grande prudence, et, si ces tentatives restent sans résultat, le malade présentant de la fièvre et un syndrome gastro-intestinal, on doit faire l'intervention et la pratiquer sans délai.

Après avoir posé ces indications, demandons-nous quelle voie on doit suivre ? Étant donné que l'on est appelé à opérer une hernie, il faut d'abord intervenir sur celle-ci ; on ne peut penser à une laparotomie, comme certains auteurs l'ont préconisée. Après incision

du sac, on a un jour, sur la tumeur, tout à fait insuffisant; il faut bien se garder de refouler à l'intérieur
de la cavité abdominale les organes que l'on y trouve
sans s'être bien rendu compte et de leur disposition et
surtout de leur qualité; pour arriver à ce résultat, on
est tout naturellement appelé à prolonger l'incision en
haut : ainsi on aura un jour suffisant sur les organes
lésés et cette incision suffira toujours dans le cas
d'étranglement rétrograde.

Cette hernio-laparotomie prédispose moins le
malade déjà affaibli au shock et aux éventrations ulté-
rieures; et surtout, comme le diagnostic avant l'opération est peu sûr et qu'il se fait surtout à ce moment,
elle expose moins à infecter le péritoine avec les
germes septiques de l'étranglement herniaire sur lequel
on vient d'intervenir.

Pour ces raisons, nous n'hésitons pas à proposer la
hernio-laparotomie comme opération de choix. Le
bistouri fendra largement les téguments tout le long
de la tumeur herniaire. Cette incision permettra de
tomber presque immédiatement sur le sac que l'on
incisera.

Il faut attirer fortement l'épiploon au dehors, le
libérer de ses adhérences, s'il en existe, et le pédi-
culiser. Cette manœuvre est très importante ; elle
permet de se rendre compte des rapports de l'épiploon
avec la tumeur et de sa disposition générale. S'il le
faut, on prolongera l'incision par une hernio-laparotomie; on sectionnera l'arcade crurale après avoir
repéré et récliné soigneusement le cordon, on tombera
ainsi, presque à coup sûr, sur l'anse en position rétro-

grade. Il faudra alors dégager son extrémité saine et s'assurer qu'il n'y a plus d'adhérences ni en avant, ni en arrière; on transformera cette masse, en quelque sorte, en une hernie étranglée. On repérera bien la portion saine, on y mettra des fils et l'on sectionnera la portion sphacélée. On rentrera la portion saine dans la cavité abdominale.

Pour la ligature de l'épiploon, on pourra prendre le pédicule dans un seul fil. Mais nous croyons préférable de pratiquer une ligature en chaîne au catgut avec le plus grand soin, après s'être assuré qu'il n'y a pas d'écoulement sanguin.

TRAITEMENT CONSÉCUTIF A L'OPÉRATION

Si les tissus ne sont pas trop sphacélés, on suturera la paroi abdominale sans y placer de drain; si on a des doutes sur la qualité même du moignon épiploïque, on drainera largement. Si on a affaire à un épiploon lardacé, sphacélé, non seulement on se contentera de donner jour aux germes septiques par une contre-ouverture assez large, mais encore il est indispensable, il est de toute nécessité de faire le traitement prophylactique de la péritonite par des injections intrapéritonéales d'huile camphrée, dont on connaît l'exaltation du pouvoir de défense du péritoine et surtout l'action tonique. Et ainsi, en opérant de la sorte, après avoir mis le malade au repos le plus complet et dans les meilleures conditions, les résultats seront subordonnés, dans les cas les plus ordinaires, à la rapidité et à l'esprit de décision du chirurgien.

CONCLUSIONS

———

I. — L'étranglement rétrograde de l'épiploon est
ainsi qualifié par son analogie avec l'étranglement
rétrograde de l'intestin, par la situation même de l'anse
épiploïque étranglée et aussi par la nature des accidents auxquels il donne lieu. Il constitue une compli-
cation assez rare, si l'on en juge par les trois observations que nous avons rapportées.

II. — L'étiologie est due, soit :
a) Aux lésions d'épiploïte antérieure ;
b) Aux adhérences de l'épiploon aux organes voisins ;
c) Aux adhérences au sac herniaire lui-même.

L'anatomie pathologique montre surtout des lésions
d'épiploïte simple ou complexe s'accompagnant d'infil-
trations hémorragiques.

III. — Le mécanisme même de l'étranglement rétrograde trouve une explication dans les propriétés physiologiques de l'épiploon, à savoir :

a) Mobilité qui lui permet d'atteindre tous les points de la cavité abdominale et d'englober les germes septiques pour les détruire ;

b) Plasticité qui lui permet de contracter des adhérences au niveau des points enflammés de la cavité.

Toutes les conditions qui augmentent son volume, sa consistance, son poids, favorisent son étranglement ou sa torsion.

IV. — L'étranglement rétrograde a une symptomatologie assez fruste. Avec ou sans torsion, il rappelle le tableau atténué de l'étranglement herniaire. Ce qui le caractérise, c'est une tumeur mobile intra-abdominale fixée par un pédicule au sac herniaire.

V. — Le diagnostic doit être fait entre plusieurs affections, savoir :

a) Une épiplocèle étranglée ;

b) Un pincement latéral de l'intestin avec distension de l'anse sus-jacente ;

c) La hernie du gros intestin ;

d) L'appendicite.

Le diagnostic se fera souvent au moment de l'intervention.

VI. — *Traitement.* L'opération s'impose immédiatement.

Elle doit consister dans la hernio-laparotomie, qui permettra de voir la disposition exacte des lésions et de ne pas réduire sans comprendre. La résection de l'épiploon sphacélé s'impose en général.

TABLE DES MATIÈRES